Allitera Verlag

MICHAEL GROIẞMEIER, geboren 1935 in München, lebt in Dachau. Lyriker und Erzähler. Zahlreiche Buchpublikationen: Lyrik, deutsches Haiku, Kurzprosa, autobiografischer Roman »Der Zögling«. Bürgermedaille der Großen Kreisstadt Dachau, Ehrengabe zur Förderung des Schrifttums, Verdienstkreuz am Bande des Verdienstordens der Bundesrepublik Deutschland, Bayerischer Poetentaler, Ehrengast der Deutschen Akademie Villa Massimo in Rom. Der literarische Vorlass befindet sich beim Literaturarchiv Monacensia der Landeshauptstadt München und im Stadtarchiv der Großen Kreisstadt Dachau.

Michael Groißmeier

Die Aschenstadt

Dachau im Gedicht

Allitera Verlag

Weitere Informationen über den Verlag und sein Programm unter:
www.allitera.de

Diese Publikation wurde durch die Große Kreisstadt Dachau gefördert.

Bibliografische Information der Deutschen Bibliothek
Die Deutsche Bibliothek verzeichnet diese Publikation in der Deutschen Nationalbibliografie; detaillierte bibliografische Daten sind im Internet über <http://dnb.ddb.de> abrufbar.

Oktober 2020
Allitera Verlag
Ein Imprint der Buch&media GmbH, München

Satz: Dirk Peschl
Umschlaggestaltung: Alexander Strathern
Printed in Germany · ISBN 978-3-96233-244-0

Den Toten von Dachau

Sie stahlen mit dem Recht das Schwert, sie stahlen mit dem Schwert das Recht.

Georg Mannheimer
Er starb am 22.4.1942 im KZ Dachau

Grußwort

Mit »Die Aschenstadt« hat der Dachauer Schriftsteller Michael Groißmeier einen Lyrikband publiziert, dessen Gedichte vor allem von den schwärzesten Jahren der deutschen und im Speziellen der Dachauer Geschichte handeln – und vom Umgang der Menschen mit dem Geschehenen, nein mit dem Angetanen in den Jahrzehnten danach. »Ihr Stöhnen, ihr Todesröcheln dringt nicht herauf, nicht hinein in den Schlaf der Gerechten«, schrieb der Autor im Jahr 1973. Und 2014: »Aber wer will heute noch Verse lesen über Schuld, geschweige denn Sühne!«

Was hat sich in dem halben Jahrhundert dazwischen verändert? Dachau versteht sich heute als internationaler Lern-, Gedenk- und Erinnerungsort. Wir wissen: Wenn wir verhindern wollen, dass sich das, was in Dachau, Treblinka, Auschwitz und an zahllosen anderen Orten Millionen von Menschen angetan wurde, wiederholt, dann müssen wir die Erinnerung an die widerwärtigsten Jahre der Menschheitsgeschichte aufrechterhalten. Aber wir wissen auch: In vielen Köpfen hat sich nichts getan. Was sich in den Jahren nach 1945 in Sätzen wie »Wir haben auch gelitten« oder »Darüber sprechen wir nicht« äußerte, lautet heute »Wie lange wollt Ihr uns noch daran erinnern?« oder »Irgendwann muss auch mal Schluss sein«. Es sind Ausdrücke ein und derselben und einer nach wie vor unveränderten Haltung der Verharmlosung und Beschwichtigung bis hin zu Schuldumkehr und Leugnung. Wer glaubt, man müsse heutzutage lange nach Menschen suchen, die diese Haltung immer noch oder wieder in sich tragen, der macht sich etwas vor.

Kann man sich den Gräueln, ihren Tätern und Opfern auf poetische Weise nähern? Falsch gefragt! Wer wie Michael Groißmeier Poet ist und als Kind die Leichen von KZ-Häftlingen mit eigenen Augen gesehen hat, der wird keine andere Wahl haben, sofern er als Mensch wie als Poet aufrichtig und guten Gewissens sein will, als das Gesehene und Geschehene in seiner Lyrik zu thematisieren. »Statt mit gelben Garben hochbeladen, fahren mit des Todes reicher Ernte Bauernwagen an dem Kind vorüber.«

Michael Groißmeiers Gedichte lassen Bilder vor dem inneren Auge des Lesers entstehen, die niemand gerne sieht. Trotzdem und gerade deshalb lohnt es sich, sie zu lesen und über sie nachzudenken. Denn sie sind im wahrsten Sinn erlebte Rede. Sie sind lyrische Zeitzeugenberichte, sie geben den Geknechteten und Ermordeten eine Stimme, sie erinnern daran, was war. Und sie sind eine dringende Mahnung, nicht zu vergessen. Denn: »Die Galgen sind abgebaut. Aber ihre Schatten liegen noch über dem Land.«

Florian Hartmann
Oberbürgermeister

Dachau

Hier hat der Wind sehr wunde Lippen
von Klagenächten, Namen, die er weint.
Verstreut in Asche bleichen Rippen,
die keine Auferstehung mehr vereint.

Hier fliegt der weiße Weidensamen
wie trockne Tränen durch den Sommertag.
Hier ist kein Mund, der noch das Amen
zu endlosen Gebeten wagen mag.

Hier sind die Bäume Galgen, alle!
Wie Zungen von Gehenkten hängt das Laub.
O lös den Strick, Gott, daß ich falle,
nimm deinen Odem wieder aus dem Staub!

(1973)

Im KZ

Gegen Abend
die glühende Sonnenrose.

Die nach ihr greifen,
verwunden Dornen
aus Stacheldraht.

Purpurn erglüht
das Blut der Gefangenen.

Tau, der sänftigend
auf die Wunden fällt.

(1973)

Krematorium

Am Krematorium erblüht
Jasmin. Die Öfen sind erkaltet,
und Menschenasche ist verglüht.
Wie Falterflügel, halb entfaltet,

die aufgestoßne Ofentür,
geschwärzt vom Ruß der Menschenknochen.
Jasmin bricht auf wie ein Geschwür,
vom Stacheldraht rasch aufgestochen.

Der Blüteneiter spritzt empor.
Der stinkende Jasminfurunkel
lockt schwarzen Aschenfalter vor
aus seinem Feuerofendunkel.

(1973)

Die Mauer

Die Mauer blutet aus Wunden,
die ihr Gewehrkugeln schlugen.

Das rote Fleisch der Ziegel
liegt bloß,
zerrissen vom tödlichen Eisen,
das Menschenherzen galt.

Ziegelstaub rieselt
in roten Rinnsalen, sich mischend
mit dem Blut der Erschossenen,
deren Todesschreie
durch den frühen Abend gellen,
übertönend das Gekrächz
aufgeschreckter Krähen.

(1973)

Sommerabend in Dachau

Aus roten Rosenwunden
blutet still die Stadt.
In dunklen Gassen
wandelt Mond mit weißer Stirn.

Die Brunnen atmen sanft
aus rundem Mund.
Aus offnen Kammern
pochen Herzen.

Kirchenfenster, Kerzen,
leis erloschen.
In Akazien Ammern
sind die Sterne.

Drunten im Lager
die Gegeißelten,
mit Dornen Gekrönten,
Gekreuzigten.

Ihr Stöhnen, ihr Todesröcheln
dringt nicht herauf,
nicht hinein in den Schlaf
der Gerechten.

(1973)

Stelle Blumen auf verkohlte Erde!

Erloschen längst
die Scheiterhaufen.
Aber immer noch
trägt Erde Narben.
Sie mit Tröstung
zu bedecken,
stelle Blumen
auf verkohlte Erde!

(1975)

Frühling in Dachau

Frühling
auch in Dachau.
Krokus blüht
im Mund der Märtyrer.

(1977)

KZ-Gedenkstätte in Dachau

Später haben sie den Appellplatz
aufgekiest, die Kiesel liegen da
wie Augäpfel, lidlos, blicklos,
versteinert unter der Marter,
der Himmel weint in sie hinein.
Mich schmerzt es,
diese Steine zu treten, ihr Stöhnen
unter den Tritten zu hören,
mich drängt es,
meine Augen zu ihnen zu legen,
wie sie zu sein, wie sie
die Tritte der Menschen zu spüren,
nie mehr zu treten,
unter Tritten
schweigend zu erblinden.

(1977)

Blick auf Dachau

Im Fensterglas
die Umrisse der Stadt,
Kirchturm, Schloß
und schneeige Dächer,
ausgeliefert meinem Atem,
der sie erstehen läßt
und wieder versinken
hinter wuchernden Eisblumen.

(1977)

Dachau im Regen

Ein Mohnfeld ist die Stadt
vor meinem Fenster.
Mohnblüten die roten Dächer,
schwankend im Wind
auf grünen Stengeln des Regens.
Ich schaue zu, wie Mohnblütenblatt
um Mohnblütenblatt
den Himmel hinabschwimmt,
abgeschlagen von schweren Tropfen,
bis der Nachmittag entblättert ist
von jeglichem Rot
und nur mehr die kahlen Stengel ragen,
durchscheinend grün
und schräg gepeitscht vom Wind.

(1977)

November in Dachau

Sturm schlägt die Totenlaute.
Aus Stacheldraht deren Saiten.

Die Lieder Gewehrsalven.

In Massengräbern
erinnern sich Skelette
ihres Fleisches.

Die Seelen –
wohin?

(1977)

Dachau I

Mooserde, schwarz,
oder, noch immer,
Menschenasche, die da
im Herbststurm fliegt,
nicht zur Ruhe kommt
unter Wollgras und Disteln.

Sie weht dir ins Haar,
schwärzt dir die Brauen,
verstellt dir den Blick
mit Schatten an den Wimpern,
sie gerät dir unter die Lider,
reibt dir die Augen wund,
treibt sie zu Tränen.

Nirgendwo anders
schmeckt die Erde
so bitter im Mund,
gemahnt sie so sehr daran,
daß Zunge und Gaumen
nichts anderes sind als sie,
für eine Weile nur
bewegter Staub.

(1981)

Dachau II

Noch einmal
dieses Aufflammen
vor dem Erlöschen.

Noch einmal
diese Erleuchtung
vor der Eintrübung.

Noch einmal
diese Klarsicht
vor dem Herabregnen

der Asche.

(1981)

Mahnmal

Hier an dieser Mauer
wurde damals einer
standrechtlich erschossen.
Ein Schuß traf sein Herz,
ein andrer das Herz seines Schattens.
Sein Körper sank nieder,
sein Schatten blieb stehen,
ein Mahnmal.

(1981)

Vögel soll es geben

Vögel soll es geben,
die begierig jeden Laut
aufnehmen, leicht erlernen.
So ist die Luft erfüllt
von den Schreien der Gemarterten
von Dachau und Auschwitz,
lange nachdem sie getötet wurden.

(1981)

Wer verwandelt die Feder?

… ein schwarzer Vogel aus Rauch.

Er stieg aus dem Feuer,
Leiber auf Leiber geschichtet,
die brannten.

Brennende Augen.
Brennende Münder.
Brennendes Haar.
Brennende Brüste.

Brennende.

Ein schwarzer Vogel aus Rauch.
Er stieg aus dem Feuer
zum Himmel empor,
verdunkelte das Licht,
verdunkelte das Land.

Dort kreist er noch immer.
Dann und wann eine Feder
schwebt herab,
streift Stirnen,
Feder aus Asche.

Wer verwandelt die Feder
zur Locke zurück?

(1981)

Dachaus schwarze Erde

Warum liebe ich
schwarze Erde
am meisten?

Weil sie schwarz ist
wie Asche?
Weil sie leicht ist
wie Asche?
Weil sie davonfliegt
wie Asche?

Brennen will ich, brennen,
um Asche zu werden, Erde –

Erde, geschlagen, getreten, geschändet,
ins Feuer geworfen,
gepeinigt, gereinigt, geläutert,
Erde, die sich beweinen läßt,
bewegen, beatmen, aufs neue beseelen,
Erde mit ihrer unvergleichlichen Farbe:

Schwarz.

(1983)

KZ-Friedhof in Dachau

Den einen haben sie ein Kreuz
in den Grabstein gemeißelt,
den andern einen Davidstern,
einem sogar einen türkischen Halbmond.

Als setzten die Grabreihen sich fort
über die Erde hinaus,
schimmern über dem Kreuz der Friedhofskapelle
die Sterne, der abnehmende Mond.

(1983)

Jetzt

Der Erschießungsstand –
zu besichtigen
von 8 bis 18 Uhr.

Zu beiden Seiten des Blutgrabens
stehen wie damals
immer noch die Schlehdornbüsche –

jetzt
mit weit aufgerissenen
Blüten.

(1983)

Standhaft

Raus mit der Sprache!
Er zeigte die Zunge.

Dann baumelte er.

Er zeigte die Zunge
noch immer.

(1983)

Er war nicht Marsyas

blies nie die Flöte,
forderte auch nie
Apollon heraus,
den göttlichen Kitharaspieler.

Und doch hängte man ihn auf
an einer Kiefer,
zog ihm die Haut ab.

Er war nicht Marsyas,
er, dessen Haut
nun die Lampe umspannt,
schön durchschienen
vom abendländischen Licht.

(1983)

Freiheit

Weder zum Schweigen gebracht werden
noch zum Reden.

Gestreift nur im Schlafanzug.

Die Hunde nur Hunde.
Die Fleischerhaken nur Fleischerhaken.

Die Menschen Menschen.

(1983)

Im Dachauer Hofgarten

Der Laubengang aus dem achtzehnten Jahrhundert –
ich habe Zeit, das Dunkel abzumessen
mit gemäßigten Schritten, bedenkend,
wie lange die Lindenreihen wachsen mußten,
wie oft ihr Wuchs zurückgeschnitten wurde,
Jahrhundert um Jahrhundert,
bis sie sich zusammenwölbten,
der Durchblick erreicht war
vom Eingang zum Ausgang,
die freie Sicht auf das helle Stück Himmel,
das sehnsüchtig macht, darauf zuzugehn,
nach einem Wandel in Schatten und Kühle,
sehnsüchtig nach einer Fülle
von Wärme und Licht,
sehnsüchtig,
die blutgetränkte Erde
zu vergessen –
wenigstens einen Augenblick.

(1984)

Dachau, 1945

Die Pferde waren in den Krieg gezogen,
die Stiere rar,
und Zugtier waren die Gestreiften –
verstohlen ihre Blicke schweiften
herüber zu der Bubenschar.
Wir spielten Krieg
mit Pfeil und Bogen
und glaubten an den Sieg,
und wollte einer uns beschwören,
daß wir das Spiel verlören,
so war's nicht wahr
und in den Wind gelogen.

(1984)

Dachau

Ausgeglüht die Feueröfen –

und es führt ein Gleis zu ihnen
durch die Sommermittagruh.
Asche überweht die Schienen,
einen angesengten Schuh.

Schwarz die Blüten der Kamille,
und geschwärzte wilde Bienen
in der Sommermittagstille
summen, summen immerzu.

(1984)

Der Gasmann

Es läutet.
Ich öffne.
Der Gasmann kommt herein.
Ich schau auf seine Hände,
schau ihm ins Gesicht
und denke an all die Gasmänner,
die jetzt ausschwärmen
im Nebel am Morgen,
von Haus zu Haus gehn,
die Zähler ablesen,
und ich denke an all die Vergasten,
an die Gaskammern,
an das Geräusch
des einströmenden Gases.
Ich denke an die Hände
an den Gashebeln,
an die Augen am Sehschlitz
der Gaskammertür –
und schau dem Gasmann
auf die Hände,
schau ihm ins Gesicht,
ich schätze sein Alter
und bin nicht beruhigt.

(1984)

Seitdem

mißtrau ich dem Rauch,
wenn er in Schwaden
über den Herbsthimmel zieht –

seitdem er aufstieg
aus brennenden Leibern,
wie Scheiterhaufen geschichtet –

seitdem er aufstieg
aus brennenden Mündern,
brennendem Haar –

seitdem mißtrau ich
den Saubermännern,
wenn sie Feuer legen im Feld:

Sie brennen das Gras
und meinen das Haar.

Sie brennen das Laub
und meinen die Zungen.

Sie brennen und brennen
und meinen das Zeugnis ablegende
Wort.

(1984)

Handlanger

Was wissen die Arme
vom Händedruck,
von Umarmungen,
Faustschlägen?

Was wissen sie,
die sich nach dem Willen dessen bewegen,
dem sie angehören,
die gehorsam ausführen,
was er denkt,
als seine Handlanger?

(1984)

Als Zehnjähriger

die Leiterwagen gesehen,
mit Leichen beladen
aus dem nahen KZ.

So haben Bauern
Bäume gestapelt,
die Stämme stocksteif,
die Astarme reglos
bei wehendem Wind.

(1988)

Meine Eltern

erhoben niemals
den rechten Arm
zum Deutschen Gruß.
Unter wütenden Blicken
der Nazi-Wahlhelfer
wählten sie 1933 offen
die Partei der Bauern und Prälaten.
Stumm verrichteten sie
ihr Tagewerk
im Dachauer Moos,
und der Mund wurde ihnen trocken
von der Flugasche
aus dem nahen KZ –
da half nicht einmal
eine Handvoll Wasser
aus dem Saubach,
aus dem die Pferde tranken
und die Gestreiften.

(1988)

Die Hand des Henkers

In der Hand des Henkers
die Blume –
wie behutsam er sie hält
mit seiner Hand,
die wieder erdrosseln wird,
erwürgen, erhängen!

(1988)

Gedenktafel

Hier ruht
der Staub von Zungen,
kundig einer Sprache,
über die Gras wächst.

(1988)

Arten, den Wuchs zu messen

Als Kind
stellten sie mich
an die Zimmerwand,
um meinen Wuchs
zu messen.

Kreidestriche
wie Hochwassermarken.

Später sah ich eine Wand,
an die sie einen gestellt hatten.

Kugeleinschläge in Kopfhöhe,
Blutmarken.

In diese Höhe
war ich damals
noch nicht,
bin ich niemals
gewachsen.

(1992)

Dachau, 1945

Nach Hause schlenderte ich,
unterm Arm einen Laib Brot,
den ich mir mühsam ergattert hatte
in einem noch nicht geplünderten Laden.

Da holten mich Leiterwagen ein
mit Verhungerten aus dem Lager.
Weit aufgerissene Augen
starrten auf mein Brot.
Klaffende Münder
schnappten nach ihm.
Knöcherne Finger
griffen danach,
es mir zu entreißen.

Voll des Entsetzens
rannte ich weg,
den Arm um das Brot gepreßt.
Keinen Biß wagte ich
in die Schnitte,
die zum Nachtmahl
die Mutter mir reichte.

(1992)

Bei trockenem Wind

Schwarz bestaubt
das Fenstersims,
die rosa Geranien,
das Apfellaub,
der zartgrüne Salat.

Nein, nicht schwarze Erde
vom Dachauer Moos,
das um die Jahrhundertwende
die Malweiber auf der Suche
nach Motiven durchstreiften,
in weißen Leinenkitteln
und züchtig geschnürten Stiefeln.

Nein, nicht Kohlenstaub
vom fernen, nie gesehenen
Revier an der Ruhr,
dem mein polnischer Nachbar,
staublungenkrank,
zu uns ins Grüne entfloh.

Asche von Verbrannten,
die auch jetzt noch nicht
zur Ruhe kommt,
sich niederläßt,
zu Staub geworden,
auf schaudernder Stirn
bei trockenem Wind.

(1993)

Was dachten sie damals

Was dachten sie damals,
die Leute,
als Asche auf Schnee fiel,
nicht aufhörte zu fallen,
bis alles schwarz wurde?

Was dachten sie damals?
Daß bald wieder Schnee falle
auf dieses verdächtige Schwarz,
es zudecke
mit bereinigendem Weiß?

Dachten sie so, damals?
Dann dachten sie so,
wie die Heutigen denken,
daß endlich die Asche verschwindet,
weil Gras darüber wächst,
höher, noch höher, meterhoch.

(1993)

Nicht ratsam

Nicht ratsam ist es,
Rasen abzuheben
und in die Erde zu graben.

Zum Vorschein käme,
worüber Gras gewachsen ist,
nichts als Knochen und Zähne.

(1993)

Asche noch

Zungen
können sie verbrennen.

Worte
sind unzerstörbar.

Asche noch
wird reden.

(1993)

Vielleicht lässt uns das

erblinden
bis ins Grab:
Licht unter Lampenschirmen
aus Menschenhaut,
Licht, das Hände erhellt,
schöngliedrige Hände,
die Menschenleiber häuten,
klassische Verse beklatschen.

(1993)

Aufgelassenes Bahngleis

Ich lege mein Ohr
an die Schienen
und höre die Erschütterung,
die aus meinem Inneren kommt.

Da rollen Züge
mit Toten aus dem KZ,
da wächst kein Gras
über die Nervenbahnen.

(1997)

Dachau

Bäckereien –
sie sind mir verdächtig.

In den Säcken lagert Mehl
aus der Knochenmühle.

Was bäumt in den Glutöfen
sich auf?

Gestapelte Urnen
die Wecken und Laibe.

Wer in Brot schneidet,
schneidet in Asche.

Leichenschänderisch
unser Hunger.

In Asche beißen wir,
auf Zähne aus Gold.

(1998)

In allem die Asche

Wir essen die Früchte der Erde,
wir trinken das Wasser der Erde,
aber nicht geht ein in uns
die Gelassenheit der Erde,
die Furchtlosigkeit der Erde,
die Zuversicht der Erde.

Wir essen die Früchte der Erde
und essen Furcht,
wir trinken das Wasser der Erde
und trinken Verzweiflung,
wir schmecken in allem die Asche,
aus der sich kein Phönix mehr erhebt.

(1998)

Was man mit Feuer machen kann

Zigaretten anzünden,
Synagogen,
Bücher verbrennen,
Menschen,
dabei Zigaretten anzünden.

(1998)

Angst

Die Galgen sind abgebaut.
Aber ihre Schatten
liegen noch über dem Land.
Ich habe Angst,
meinen Kopf
in eine der Schlingen zu bringen,
die in der Luft hängen,
dem Auge nicht sichtbar.

(1998)

Meine Telephonnummer

Meine Telephonnummer:
82170.

Damals war sie dir eingebrannt
in die Haut,
unbekannter Vergaster,
Verbrannter.

Jetzt, wenn mich einer anruft,
weiß ich nicht,
gilt es mir,
gilt es dir.

(1998)

Dachau, 1935

Das Licht der Welt
erblickte ich im Februar,
als unser Fluß, die Amper,
zugefroren war.
Die Mutter hatte sehr
an mir gelitten.

Noch lag ein Hauch von Frieden
über jenem Jahr,
noch roch die Luft
nicht nach verbranntem Menschenhaar –
bedrohlich doch
der Hall von Stiefeltritten.

Und immer wieder
eine Hitlerjungenschar.
Die Mutter dankte Gott,
daß ich noch Säugling war.
Der Vater hobelte mir
einen Schlitten.

(2000)

Kindheit in Dachau

Die Kinderkammer duftete,
die ungeheizte,
nach Birnen und nach faulen Äpfeln.
Immer roch sie auch
nach Küchenrauch,
der mir die Lunge beizte,
wenn ich beizeiten
in die klamme Liegstatt kroch.

Ich wärmte mich
an einem ofenwarmen Ziegel,
den mir die Mutter
unter meine Füße schob.
Der Vater schloß die Haustür,
klirrend mit dem Riegel,
und alle meine Furcht
vor Hexenspuk zerstob.

Wie seltsam, daß die Abendröte
nicht verblaßte!
War's überm Lagerschornstein
wieder Feuerschein?
Ob Hexen sie verbrannten,
die ich herzlich haßte?
Rapunzel war ich gut,
und fröhlich schlief ich ein.

(2000)

Das Hitlerbild

Am Bahndamm entlang
beim frühen Morgenrot.
Dahin mein Überschwang.
Schiefertafel, Griffel, Schwamm
und Pausenbrot im Ranzen,
den ich auf dem Rücken trug.
Dann und wann ein Eisenbahnzug.
Gesichter an beschlagnen Scheiben.
Keine Zeit stehenzubleiben.
Vor dem Zuspätkommen war mir bang
und vor dem Lehrer,
der uns mit dem Rohrstock schlug.
Im Klassenzimmer hing ein Hitlerbild.
Mir schaute der Mann zu wild,
und er sah mir auf die Finger
beim Schreiben.

(2000)

Gutes, nüssereiches Jahr

Gebell von Hunden, heiser im Gefild.
Wir Kinder brockten Haselnüsse
und tauschten unsre Kinderküsse.
Da hallten durch den Hohlweg Schüsse.
Durchs Staudicht brach ein Mensch.
War er das Wild?

Wir sahen, daß er ein Gestreifter war,
der totgeschossen werden müsse.
Was kümmerten uns schon die Schüsse!
Wir brockten weiter unsre Nüsse.
Es war ein gutes, nüssereiches Jahr.

(2000)

Brot, Mai 1945

Mit einem Brotlaib unterm Arm
stand ich am Straßenrand
und starrte auf die Fuhren,
die an mir vorüberrollten.
Aus einer Fracht von Toten
winkte knöchern eine Hand,
als ob sie sich ein Stückchen Brot
von mir erbitten wollte.

Und schnappte nicht schon
ein vom Lippenfleisch entblößter Mund
vor Gier nach meinem Brot!
Ob auch die Toten Hunger haben?
Den Brotlaib preßte ich an mich,
den Schlüsselblumenbund
für meine Mutter hielt ich hin,
den Hungermund zu laben.

(2000)

Unter Dachaus Bäumen

In allen Bäumen seh ich Galgen.
Die Kinder, die im Gras sich balgen,
sie sehn die Galgen nicht.

Sie klettern in die alten Kronen,
drin Schatten der Gehenkten wohnen.
Die Kinder sehn sie nicht.

Sie sitzen in den Gabelungen
der Äste, doch den Strick, geschlungen
um jeden, sehn sie nicht.

O hätte ich noch Kinderaugen
statt meiner alten, die kaum taugen,
ich säh die Galgen nicht!

(2000)

Vor dem Grab eines unbekannten KZ-lers

Was du gelitten hast,
bezeugt der Seidelbast,
er hat es nicht vergessen.

Was du gelitten hast,
uns ist es eine Last,
wir möchten sie vergessen.

Was du gelitten hast,
das blüht der Seidelbast
uns wider das Vergessen.

(2000)

KZ-Friedhof in Dachau

Dem Grund entquillt des Nebels Brodem,
der mütterlichen Erde Odem.
Sie hält die Toten sanft umfangen,
auf daß sie schlafen ohne Bangen.

Der leise Fall der Vogelbeeren
wird ihre Ruhe nicht versehren.
Mög nimmermehr der Herr sie wecken
zu neuem Leben, neuem Schrecken!

Die Martern haben wir verschuldet,
und er, der Herr, hat es geduldet.
Er mag uns Lebende bestrafen,
die Toten aber laß er schlafen!

(2001)

Im Dachauer Waldfriedhof

Ich sah das Licht die Namen kosen,
gemeißelt in den grauen Stein.
Spätsommerliche rote Rosen,
gleich Mündern, sprachen auf sie ein.

Sie hauchten mir den Duft der Namen
– Jemina, Tamar, Tirza – zu.
Ich aber fand zu keinem Amen.
Wo bist Jemina, Taube, du?

Wo bist du, Tamar, Palme, schlanke,
du, Tirza, die man lieblich hieß?
Wo bist du Rode, Rosenranke,
du Blume aus dem Paradies,

wo bist du, edelste, geblieben?
Ihr Namen jüdisch alter Pein,
ein wenig, keusche, euch zu lieben,
wird meines Alters Freude sein!

(2001)

Unzeitgemässe Frage

Nach Dachau und Auschwitz
habe der Dichter zu schweigen –
also totschweigen das Gedicht?

(2004)

Lehrstunde beim Vater

Was ein Jude sei,
wollte ich wissen
vom Vater.
Auch nichts anderes
als du und ich,
sagte er leise,
weder beim Sehen,
Hören, Riechen, Fühlen
noch beim Denken, Reden,
Lachen, Weinen –
Atmen, Entatmen.

(2004)

Holunderbeeren

Für unübertrefflich hielt ich meinen Knabenmut
beim Angreifen und mich Wehren.
An meinen Händen klebte kein anderes Blut
als das von Holunderbeeren.

Gott sei Dank war ich noch zu jung, um im Rassenwahn
zu sengen und zu versehren.

Oftmals fällt mich ein Schrecken an:
Nur meine Jugend wohl bewahrte mich
vor falschem Heldenmut,
und daß an meinen Händen klebt kein anderes Blut
als das von Holunderbeeren.

(2008)

Konzentrationslager

An diesem Ort versagt das Wort,
erstarrt im Mund, wird knöchern, beinern.
Kaum hergekommen, flieh ich fort,
an diesem Ort nicht zu versteinern.

Mir ist der Todesort vergällt,
nichts hält mich, still zu halten,
vielmehr ein Zweifel mich befällt,
ob Menschenöfen je erkalten.

(2008)

An Gott

Warum hast du es zugelassen,
du unerforschlich unsichtbarer Gott,
daß tödlich sich die Menschen hassen,
erfanden Guillotine und Schafott,

den Galgen, die Vergasungskammer,
Verbrennungsöfen und Erschießungsstand?
Rührt, Gott, dich nicht der Menschen Jammer?
Dich zu begreifen, fehlt mir der Verstand!

Wie mußt du, Gott, die Menschen hassen,
die offensichtlich dir mißlungen sind,
auch nicht in deine Schöpfung passen,
die schuldlos ist, zu Sonne, Wolken, Wind!

(2008)

Die Aschenstadt

Ich streife nachts durch die verschlafne Stadt,
die Hände in den Manteltaschen.
Mich schaudert, weil die Stadt das Aussehn hat,
als sei sie überweht von Aschen.

Der brave Bürger dieser Aschenstadt
ruht sanft auf seinem Ruhekissen.
Mich schaudert, weil's nicht nur den Anschein hat,
als ruhe sanft auch sein Gewissen.

(2009)

Päonien

Päonien, röter als das Morgenrot,
im Garten meiner Kindheit blühten.
Soldaten starben fern den Heldentod.
Im Feuersturm die Städte glühten.

Ich ahnte nicht, wie sich ums täglich Brot
die abgezehrten Eltern mühten.
Ich wußte nichts von der Gefangnen Not,
vom Lager und der Wächter Wüten.

Ich ärgerte im Teich die alte Krot
und sah im Nest die Amsel brüten.
Päonien, wie mein Knabenblut so rot,
die mit der Kindheit still verblühten.

(2009)

Rauch aus Kaminen

Rauch aus Kaminen.
Kein fröhliches Feuer,
an dem man sich wärmt
und Gespräche führt.
Der Rauch quillt schwarz, fast Ruß,
aus den Kaminen.
Kein weißer, bläulich durchsonnter,
nach Harz duftender Holzrauch!
Das Feuer, mißbraucht,
genährt von Haut und Haar,
vom Gebein Verhungerter,
zu Tode gemarterter Menschen!
Kein leichter, heller Rauch,
zu durchsichtigen Säulen
sich drehend im Wind,
die den Himmel tragen,
Rauch, der in schwarzen Schwaden
auf das schweigende Land sich legt.

(2014)

Vater spielte Es-Trompete

Vater war Soldat in Flandern,
stand in hartem Grabenkampf.
Sterben, das war für die andern,
sah sie falln im Pulverdampf.

Selber blies er Es-Trompete
in des Bayern-Königs Korps,
flüsterte wohl Stoßgebete,
stand ein Sturmangriff bevor.

Wenn sie aus den Gräben stürmten,
blies zum Kampf er das Signal.
Toten, die zum Berg sich türmten,
blies Salut er tausendmal.

Über manchen Kameraden
deckte er das Leichentuch,
halb betäubt von giftgen Schwaden,
der Verwesenden Geruch.

Da es Frieden werden sollte,
in die Heimat ging's retour.
Als zu Haus er spielen sollte,
war dahin die Ambaschur*.

Keine Kraft mehr hatten seine
Lippen, und der Vater schwieg,
wenn, Wolfshunde an der Leine,
Braune brüllten Heil und Sieg.

(2014)

* Ambaschur = Embouchure = Mundstellung beim Blasen

Am Strassenrand

Statt mit gelben Garben hochbeladen,
fahren mit des Todes reicher Ernte
Bauernwagen an dem Kind vorüber,
welches schreckensstarr am Rand der Straße steht,
einen dürren Brotlaib untern Arm gepreßt,
den in Dachau mühsam es ergattert,
und es sieht der Toten Hungermünder,
wie sie gierig nach dem Brote schnappen.
Haben denn auch Tote Hunger? denkt das Kind,
ob für Tote Brote nicht zu schade sind?

(2014)

Der Geruch

Menschenkörper, aufgestapelt
vor der Baracke wie Baumstämme,
wie diese dem Feuer übergeben.
Nicht unterscheidbar
der Rauch aus Kaminen.
Aber der Geruch,
der Geruch nach verbranntem
Menschenfleisch!

(2014)

Dachau

An diesem Ort zu leben,
fällt schwer.
An diesem Ort zu leben
mit den Schatten der zu Tode
Geprügelten, mit der Asche
der Verbrannten –
es fällt schwer.
Und es fällt schwer,
an diesem Ort
Verse zu ersinnen
über Blumen, Schmetterlinge,
Bäume, plätschernde Brunnen.
Es fällt schwer,
aus den Versen
die Toten auszuschließen,
ihre Martern.
Aber wer will heute noch Verse lesen
über Schuld, geschweige denn Sühne!
Dem Dichter fällt es schwer,
freigesprochen zu werden
von den Toten,
freigesprochen von ihnen
von jeglicher Sippenhaft.
Es fällt ihm schwer,
ihm, dem Blutsbruder der Mörder!

(2014)

KZ-Friedhof

Ein Kreuz, ein Davidstern.
Den muslimischen Halbmond
findet man am Himmel.
Niemand hat ihn herabgeholt
auf die Erde, in den Friedhof.
Den Toten ist es gleich,
unter welchem Zeichen sie liegen,
unter welchem sie auferstehen werden.

(2014)

Im Waldfriedhof

Mit ihren Wurzeln saugt die Lärche
das Gedächtnis,
sollte noch ein Rest davon
vorhanden sein,
aus dem Beinschädel.
Die Lärche speichert es
in ihren Zweigen,
im Grün der Nadeln.
Erst im Herbst erlischt es,
endgültig,
wenn die Nadeln gelb werden
und abfallen.

(2014)

Massengrab

Über das Massengrab
haben sie Bäume gepflanzt,
die Mörder,
um zu vertuschen,
was darunter liegt.
Aber nicht verheimlichen
läßt sich ihre Schuld.
Die Bäume schreien sie
mit all ihren Blätterzungen
hinauf in die Lüfte.
Was sie aufdecken,
die Bäume,
preisgeben, anklagen,
in den Ohren müßte es ihnen klingen,
den Mördern,
Vertuschern,
Vergeßlichen,
Gleichgültigen!

(2014)

KZ-Kräutergarten in Dachau

Mit Knochenasche gut gedüngt,
schießt alles Pflanzliche ins Kraut.
Salat, Spinat, nitratverjüngt,
sie schmecken nach verbrannter Haut.

Ein jegliches Gewächs, besprengt
mit Menschenblut, gedeihet gut.
Ob's, Esser, dir den Schlund beengt,
beißt du auf einen Zahn der Ruth,

der Gas und Feuer überstand?
Ergeht es, Esser, dir noch wohl,
juckt dir vom Mehl der Knochenhand
der Gaumen, ißt zum Schwein du Kohl?

Der sich von Asche hat genährt,
du salzt den Rettich, und es scheint,
es schmerzt ihn, was ihm widerfährt:
Er ist der einzige, der weint!

(2014)

Nützliche Gegenstände

Napf, Zuber, Bottich, Faß,
aus Holz, nützliche Gegenstände
für den täglichen Gebrauch.
Ach ja, auch den menschlichen Körper
hat man der Verwertung zugeführt,
wie es im Amtsdeutsch heißt,
hat aus seinen Resten
nützliche Gegenstände fabriziert:
Seife aus Knochen,
Lampenschirme aus Haut.

(2014)

Der Galgenbaum

Der Baum auf dem Lagergelände
diente als Galgen.
Sieht der Besucher nicht
die zu Schlingen gedrehten Stricke
an den Ästen hängen?
Sieht er nicht die Gehenkten,
den Strick um den Hals,
im Baumwipfel baumeln?
Hört er nicht die Äste stöhnen
unter der Last der Toten?
Hört er ihn nicht seufzen, den Baum,
über das Unrecht,
das man ihnen angetan hat,
den Menschen –
und auch ihm selbst?

(2014)

An einen Toten

Du standest niemals auf der Liste.
Du wurdest niemals ausgezählt.
Für dich war nicht zu schad die Kiste.
Du wurdest nicht zu Tod gequält.

Warst nie in der Gewalt von Schlächtern
wurdst nicht vergast mit Zyklon B,
begafft am Guckloch von den Wächtern,
die sich besoffen mit Chantré.

Dir war's vergönnt, zu gehn in Würde
so wie es recht und billig ist.
Das Sterben war dir leichte Bürde.
Gehauchtes, das man nie vergißt.

(2014)

Als Pimpf, Anfang 1945

Ich hatte ein Gewehr aus Holz
und einen Helm aus Pappe.
Ich war auf meine Rüstung stolz,
war sie auch nur Atrappe.

Ich zielte auf des Feindes Brust,
wenn wir Soldaten spielten.
Vorbei war's mit der Kampfeslust,
wenn andre auf mich zielten.

Es machte mir auch keinen Spaß,
getroffen umzufallen.
Ich dämpfte meinen Feindeshaß,
ging mit der Mutter wallen

zum heilgen Rasso nach Grafrath.
Der mög mir Mut verleihen,
mich als ein tapferer Soldat
der Sache ganz zu weihen!

Der Vater, Weltkriegs-Invalid,
verachtete die Horden,
die zwangen mich in Reih und Glied.
Ich bin kein Held geworden!

(2015)

1945

Die Mutter nahm aufs Stoppelfeld
mich mit zum Ährenlesen.
Das gab für Brot ein bißchen Geld.
Zuhause übt' ich Lesen;

denn oftmals fiel die Schule aus,
wenn Bomberflotten nahten,
und manche Bombe traf ein Haus.
Meist spielten wir Soldaten.

Ich hatte Helm und Holzgewehr.
Der Feind wurd totgeschossen.
Der Vater schimpfte sehr
auch mich und die Genossen.

Als alter Flandern-Invalid
hätt er zum Volkssturm müssen.
»Für die riskiere ich kein Glied,
solln mich am Hintern küssen!«

Er mahnte mich: »Halt bloß den Mund,
sonst werden sie mich holen!«
»Mein Kampf« hieß er 'nen Schund –
er sagte es verstohlen

und hinter vorgehaltner Hand.
Ich hatte gute Ohren.
Der Vater klagte um sein Land
und hielt es für verloren.

(2015)

Im Ampermoos

Die Asche der Verbrannten überzieht
das Ampermoos mit einer grauen Schicht.
Der Ringelnatter Häutung hier geschieht.
Libellenlarve öffnet sich dem Licht.

Im klaren Saubach die Forelle flieht
vorm sich im Wasser spiegelnden Gesicht.
Natur auch hier sich ungerührt vollzieht.
Zum Widersinn gerät mir das Gedicht.

2015

Mein geographisches Schicksal

O ja, ich kenn das meine!
Ich leb auf einem Boden,
den düngt die Asche
von Augen, Zungen, Hoden!

Ich trinke Tränen,
die nie versiegen, esse
das Gold von Zähnen
an Kopfsalat und Kresse!

Ich schreie meine
Gedichte in den Regen!
Ich spür Gebeine,
die nachts sich zu mir legen!

(2015)

Meine Kindheit

Meine Kindheit war nicht allzu froh.
Krieg war, und es herrschte Hungersnot.
Aber Äpfel dufteten auf Stroh.
Sägekleie mischten wir ins Brot,
aßen, was der kleine Garten bot:

Rettiche, Kartoffeln, Karfiol,
gelbe Rüben, Ranen. Fleisch war rar.
Meiner Mutter Wangen waren hohl.
Vater, welcher Kriegsinvalide war,
ließ mich nicht zur Hitlerjungenschar.

Ich doch liebte das Soldatenspiel,
galt's uns Buben doch als ehrenvoll,
wenn sich einer tapfer schlug und fiel.
Vater jäh die Zornesader schwoll,
wenn im Radio »Sieg Heil!« erscholl.

(2016)

Jüdischer Friedhof

Umgefallene Steine,
überwuchert von Moos und Flechten.
Dort unten ruhn die Gebeine
der Ahnen, der Gerechten.

Aber die Asche der Kinder,
aber die Asche der Enkel wo?
Die gestorbenen Schinder,
sind sie der Seligkeit froh?

(2019)

Mensch mit Gottgesicht

Mich quälte Mensch mit Gottgesicht.
Der in das Gas trieb, er tat seine Pflicht.

Er hat den Ofen angeschürt,
warf Menschen in das Feuer, wie's gebührt.

Und nach getaner Arbeit hat
er Bach gespielt vom Blatt.

Er war ein Kunstmensch, feingestimmt,
sah weg, wenn man den Hund getrimmt.

Doch wer nicht seiner Rasse war,
dem schor er lustvoll Bart und Haar,

des Haut hat er zum Lampenschirm gegerbt,
sein Gottgesicht dem Sohn vererbt.

(2019)

Spaßig

Kammermusik und Vergasen,
wie paßt das zusammen?
Es gibt Lebensphasen,
da wir verzeihn und verdammen,

Leben spenden,
garantiert reinrassig,
ein artfremdes beenden –
ist das nicht spaßig!

(2019)

Brandopfer

Wir streben all zu Gott hin.
Doch ob er es uns lohnt?
Wenn ich auf dem Schafott bin,
er unerschütterlich thront!

Wenn mein Kopf fällt und rollt,
schaut er ungerührt zu.
Ohne daß er es gewollt,
zertritt keinen Wurm mein Schuh.

Ohne daß er es will,
kein Scheiterhaufen loht,
und wird es in der Gaskammer still,
geschieht's nach seinem Gebot!

Warum streben wir hin
zu Gott, der unser höhnt?
Warum liegen wir vor ihm auf den Knien,
legen an den Scheiterhaufen den Kien,
auf dem das Brandopfer stöhnt?

(2019)

Gegengewicht

Es ist mein Gedicht
ein Gegengewicht
zum Alltagslärm,
zum Tod im Gedärm,

zum Gedankenzwirn,
der sich abspult im Gehirn,
den ich mir dreh zum Strick,
zur Schlinge um Hals und Genick.

Es ist mein Gedicht
ein Gegengewicht
zur beginnenden Demenz,
zur Wannsee-Konferenz,

die man mir vererbt,
die sich in mein Gedächtnis gekerbt,
die brennt in der Seele wie Jod.
Der Seele Fegefeuer löscht auch nicht der Tod!

(2019)

An einem Massengrab

Ein großes Wort verstummt im Mund
beim Anblick dieser Gräberreihe.
Nichts störe ihrer Stille Weihe!
Hör, was der Ehrenpreis tut kund!

Er kündet statt der Toten Mund,
daß sie den Lebenden verzeihen.
Bereite dich, dich einzureihen
in der Verstummten ewgen Bund!

(2020)

Das Blutmeer

Der Mond in einem Blutmeer schwimmt.
Die Wolken blutger Wellenschaum.
Die Woge schwappt in meinen Traum,
in dem kein Fünkchen Hoffnung glimmt.

Längst zerbrach die Liegestatt.
Bis zum Mund das Blut der Shoah
seh ich keine Arche Noah,
die mich rette auf den Ararat.

(2020)

Die Höhle

Wir gruben in den Sandberg eine Höhle,
obwohl die Eltern uns davor gewarnt.
Hoch über uns der Wachmannschaft Gegröhle,
das Massengrab, mit einer Bretterwand getarnt.

Wir hörten, wie sie mit den Spaten gruben,
und wie die Toten plumpsten dumpf herab.
Fein rieselte der Sand. Wenn er uns Buben
verschüttete, die Höhle würde uns zum Grab,
indes man denen droben den Genickschuß gab.

(2020)

KZ-Friedhof auf der Leit'n

Die Leit'n ward zum Massengrab,
auf der als Kind gespielt ich hab.
Ich lag im hohen Gras und schaute
hinauf zum Himmel, dem ich traute.

Noch war die Kinderseele rein.
Ich glaubte an das Jesulein,
dem Wort des Priesters, der mich lehrte
den Glauben mit der Haselgerte.

Ich sah die Fuhren mit den Toten,
bewacht scharf von SS-Heloten.
In Augen habe ich gesehn:
Kein Schimmer mehr vom Auferstehn!

Ich hab verwestes Fleisch gerochen.
Da ist der Glaube mir zerbrochen
an Menschlichkeit, Barmherzigkeit.
Die Wunde heilt auch nicht die Zeit!

(2020)

Hitlerjunge G

Bin ich wie dieses Land?
Ich sog wie Muttermilch
die Milch des Löwenzahns.

Ich sah Abendröten,
die keine waren.
Daß das Christkind Plätzchen backe,
war eine mütterliche Lüge.

Ich sah die Gestreiften:
gezähmte Tiere.
Wozu die Wachen mit Gewehren?
Genügten nicht Peitschen?

Zwangseingekleidet in braune Gewandung,
die der Vater, Erster-Weltkriegs-Invalid,
herzlich verachtete.

Die Mutter zum Vater:
»Halt bloß den Mund,
sonst holen sie auch dich!«

Den HJ-Dolch trugen wir Buben
mit Stolz.
Hatte ihn einer vergessen,
wurde er von uns
mit Brennesseln ausgepeitscht.

Der Staat erzog uns
nach seiner Fasson.

(2020)

Aschenstadt

Ich lebe in einer Aschenstadt.
Unterm Schritt stäubt Asche.

Die Häuserwände, Dächer
färbt sie schwarz.

Ersticken die Menschen nicht
in ihren Gehäusen?

Ich atme Asche,
atme Nacht
und huste sie
am Morgen aus.

Als Asche kommt mir das Wort
über die aschfahlen Lippen.

Ich erwarte die Sintflut,
die mich reinigt.

(2020)

Die Asche

Sie beraubten sie
ihrer Sprache.

Sie verbrannten
ihre Bücher.

Aber die Asche
hört nicht auf
zu reden.

(2020)

Flugasche

Und nur ein leichter Flug
von Asche bleibt,
der kein Duft mehr anhaftet
von süßen Leibern.

Flugasche,
hochgewellt vom Wind,
der ich nachsinne,
den Augen,
die sie einmal war,
den Mündern,
Lippen voller Liebreiz.

(2020)

Aschengedichte

In einer Stadt lebend,
die geschwärzt ist von Asche,
verglüht mir das Wort im Mund:
Ich spreche Asche.

Sie sinkt auf das Schreibpapier,
und die Zeilen
werden zu Aschenzeilen,
grau wie Ackerfurchen.

Ich säe meine Trauer hinein,
und was aufgeht,
sind Aschengedichte.

(2020)

Scham

Die Scheiterhaufen sind erloschen,
doch Brandnarben blieben zurück
auf der Erde
und im Gedächtnis der Menschen.

Die Feueröfen sind erloschen,
die Scheiterhaufen unserer Zeit,
doch die Ruinen blieben zurück
als Mahnmale der Unmenschlichkeit.

Nicht zu vergessen die Gaskammern,
die sie als Baderäume tarnten,
und in die sie Zyklon B einströmen ließen.

Nicht zu vergessen die Schinder
mit ihren auf Menschen dressierten Hunden.

Jeder Wolf würde sich schämen,
wenn er wüßte, zu welchen Bestien
seine Artgenossen umerzogen wurden.

Die Menschen heucheln ihr Bedauern,
aber abhanden gekommen ist ihnen
jegliche Scham.

(2020)

Dachau

Kaum erwähnenswert
das hügelige Hinterland.

Nicht verrußt die Äcker
von Rauchschwaden
aus dem Krematorium.

Kein Widerschein aus den Feueröfen
beleidigte die Wolken.

Nur harmlose Abendröten,
während über dem mißbrauchten Moos
die Wolken vor Scham erglühten.

(2020)

Gang durch das Dachauer Moos

Am liebsten gehe ich barfuß
durch Wiesen, so werden
meine Füße nicht staubig.

Anders im Moos:
Hier bestäubt schwarze Erde
die Füße,
haftet Asche an ihnen,
Asche der Verbrannten,
die man ausgestreut hat.
Sanft aber ist sie,
die Asche,
und verzeihend,
doch spüre ich sie schmerzhaft
an den Füßen,
durch die schützende Haut hindurch,
bis hinein in die Blutbahnen,
die zum Herzen führen.
Auf brennenden Sohlen
gehe ich durch meine Zeit.

(2020)

Geläuterter Schmerz

Knabenkraut wächst
aus der Asche,
nährt sich von ihr.

Purpurn triumphiert die Blüte
über den im Feuer
geläuterten Schmerz.

(2020)

Der Geruch des Todes

Der Geruch des Todes,
des Meisters aus Deutschland,
bleibt haften an deiner Hand,
was auch immer du berührst,
eine Blume, einen Baum, eine Haut.
Du wäscht ihn nicht ab.

Der Geruch des Todes,
des Meisters aus Deutschland,
bleibt haften an deinem Haar,
das sich wandelt in Gras.
Der Regen wäscht ihn nicht ab.

(2020)

Wenn ich zu liegen komme

Warm, fürwahr, liegt man
in deutscher Erde,
die noch warm ist
von der Asche der Verbrannten!

Aber kein Wärmegefühl
will mich erquicken,
der ich noch lebendig
auf deutschem Boden wandle.

Mir brennen die Fußsohlen
von der Asche der Verbrannten,
und ich bete,
wenn ich zu liegen komme,
ihre Asche möge mich
brüderlich aufnehmen,
wärmend, verzeihend.

(2020)

In einem jüdischen Friedhof

Die Steine auf den Grabmalen
sollen an die Wanderung der Israeliten
durch die Wüste erinnern.

Erinnerung auch an die Steinigung,
die sie erlitten?

Erinnerung an die Steine,
die man ihnen zuwarf
statt Brot?

Wer wirft denn schon mit Brot,
das nicht tötet!

(2020)

Beten

Sie haben keine Gräber,
an denen sie beten könnten
für das Seelenheil
ihrer Verstorbenen.

Nicht einmal zur Asche
der Verbrannten
können sie beten,
die man in alle Winde
verstreut hat.

Wo sollen sie dann beten,
wenn nicht an den Massengräbern,
wo es schon gleich ist,
für wen man betet!

(2020)

Die sprachlosen Toten

Wenn du aus Scham
nicht mehr deutsch sprichst
mit deinen Toten,
wie sollen sie dich dann verstehn?

Was aber wissen die Toten
vom Mißbrauch der deutschen Sprache?

Wenn sie es wissen,
sind sie deshalb so sprachlos?

Oder sprechen sie zu dir
in ihrer und deiner Muttersprache
und du verstehst sie nicht mehr?

(2020)

Der Herr hat es ertragen

Feinde …
Füllen Gruben mit den Leichen …
Kannst du, Herr, kannst du's ertragen?
Meïr
11. Jahrhundert

Sie füllten Massengräber
mit Erschossenen,
zu Tode Geprügelten.
Der Herr hat es ertragen!

(2020)

Blasphemie

Von sieben Pfeilspitzen durchbohrt
der heilige Sebastian.

Wer aber spricht die Vergasten,
Verbrannten heilig?

Nähme Gott sie auf
in die Gemeinschaft der heiligen Märtyrer,
lästerte er dann nicht sich selbst -
nach Dachau und Auschwitz,
die er nicht verhindert hat!

(2020)

Gott schaute zu

Es waren keine Opferfeuer,
Gott zum Wohlgefallen:
Scheiterhaufen,
Feueröfen.

Zur eigenen Lust
verbrannten Menschen
Menschen.

Und Gott
schaute zu.

(2020)

Wer kann das verstehn?

Hätten sie Hölderlin gelesen,
wären sie nicht zu Mördern geworden!

Manche haben Hölderlin gelesen
und sind dennoch zu Mördern geworden.

Wer kann das verstehn?

(2020)

Entwicklung

Der Mensch
erfand das Feuer.

Der Mensch
erfand den Ofen.

Der Mensch
bannte das Feuer
in den Ofen.

Der Mensch
warf Menschen
in die Öfen
zum Feuer.

(2020)

Gottgleich

Die Götter haben uns nicht
in den Arm genommen,
als wir Kinder waren.

Selbsternannte Götter
zwangen uns
unter ihre Knute.

Es gab keinen Gott,
keinen zürnenden Zeus,
keinen rächenden Jahwe –

außer dem gottgleichen
Fähnleinführer.

(2020)

Der Spätgeborene

Niemals haben wir
eine Fahne besessen,
eine nach Anweisung
zu hissende.

Niemals haben wir
ein Bildnis eines Mannes
mit Oberlippenbart
an die Zimmerwand gehängt.

Niemals hat der Vater
den rechten Arm
zum Deutschen Gruß erhoben –

weil sein Arm
in Flandern liegt,
sagt der Spätgeborene.

(2020)

Totschweigen

Ich schlafe ruhig.
Ich habe ein reines Gewissen.

Ich bin nicht verantwortlich
für die Unterschrift
unter ein Todesurteil.

Ich habe vielleicht ein paar Worte
zuviel gesagt
oder ein Wort unterlassen,
das nötig gewesen wäre.

In beiden Fällen fühle ich mich
nicht schuldig.

Schweigen, heißt es, sei Gold.
Und totschweigen?

(2020)

Unerträglich

Wie wäre das,
wenn sie sich begegneten
im Paradies,
die Vergasten und die Mörder?

Wenn sie sich umarmten
in brüderlicher
verzeihender Liebe?

Unerträglich wäre das,
und ich wünschte,
es gäbe zum Himmel
wirklich die Hölle!

(2020)

Der Stachel

Seit meiner Kindheit
steckt mir im Herzen
der Stachel des Tods.
Ich war nie so vermessen zu höhnen:
Tod, wo ist dein Stachel?,
seit ich als Zehnjähriger
miterleben mußte,
wie des Todes und der Töter
grausige Ernte auf Bauernwägen,
begleitet von verpflichteten
Dachauer Landwirten,
an mir vorbeigekarrt wurde.
Ich stand am Straßenrand,
einen gehamsterten Brotlaib
unter dem Arm,
und sah die in Haufen
kreuz und quer auf die Wägen
verladenen Leichen,
skelettiert und halb verwest.
Nur notdürftig waren sie
mit dem ersten Birkengrün bedeckt.
Arme und Beine hingen
bis zu den rollenden Rädern herab.
Heute noch zermahlen die Räder
das Gehirn mir in meinen Träumen,
und die Totenschädel blecken
aus aufgerissenen Mündern,
in denen keine Goldzähne mehr blitzen,
mich an, und ich erwache
von ihrem stummen Schrei.

(2020)

Gebrandmarkt

Mit meiner Sprache
falle ich auf.

Jeder weiß,
der Tod ist ein Meister
aus Deutschland.

Jeder weiß,
der Tod spricht Deutsch.

Ich weiß:
Meine Gedichte
werden den Geruch
der Verbrannten nicht los.

Ich werde sie schreiben
in der Sprache der Toten.

(2020)

Andrer Mann

Wo ist er, der ich einst gewesen?
Ich Alter bin ein andrer Mann!
Was soll ich noch die Bibel lesen,
wenn nichts die Menschheit zugewann!

Ich hab verwestes Fleisch gerochen,
das man zum Massengrab gekarrt!
Da war ich jung, noch nicht gebrochen
vom Alter, da der Tod mich narrt.

Mit Grünspanleibern vollbeladen,
die Totenfuhren sah ich ziehn,
und sah am Fleisch die weißen Maden,
und stand wie starr und konnt nicht fliehn!

(2020)

Inhalt